hoverspeed.com

FRAG MICH WAS

Schiffe

Von Andreas Piel

Illustriert vom Autor

Mit vielen lustigen Zeichnungen
von Kerstin M. Schuld

Loewe

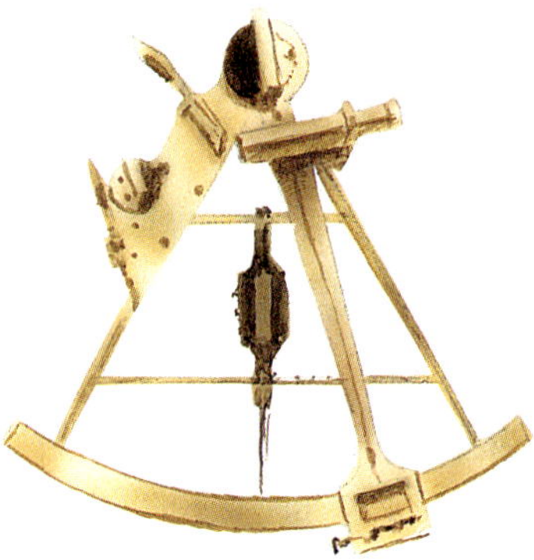

Bibliografische Information Der Deutschen Bibliothek
Die Deutsche Bibliothek verzeichnet diese Publikation
in der Deutschen Nationalbibliografie;
detaillierte bibliografische Daten sind im Internet
über *http://dnb.ddb.de* abrufbar.

*Der Umwelt zuliebe ist dieses Buch
auf chlorfrei gebleichtem Papier gedruckt.*

ISBN 3-7855-5571-7 – 1. Aufl. 2005

Umschlagillustration: Andreas Piel
Vignetten: Kerstin M. Schuld
Umschlaggestaltung: Andreas Henze
Layout und Satz: Tina Timmerarens
Gesamtherstellung: L.E.G.O. S.p.A., Vicenza
Printed in Italy

www.loewe-verlag.de

Inhalt

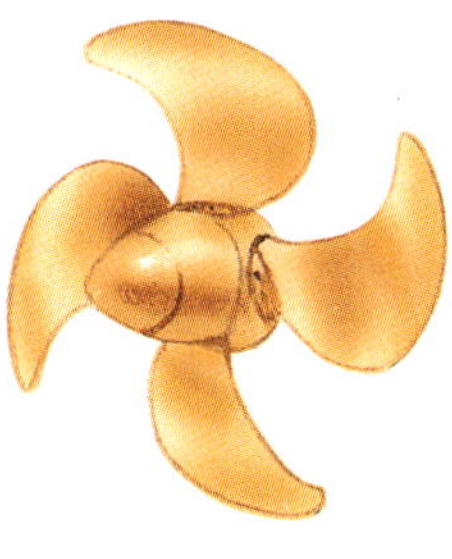

Wann baute man das erste Boot?

Als die Menschen vor langer Zeit beobachteten, dass Baumstämme im Wasser schwimmen, setzten sie sich darauf und begannen, mit den Händen zu rudern. Später füllten sie auch Tierhäute mit Luft, um damit Flüsse zu überqueren. Das erste Boot baute man vor über 12 000 Jahren aus einem ausgehöhlten Baumstamm. Ein solches Boot heißt Einbaum.

Vielleicht sah so das erste Wasserfahrzeug aus. Ganz genau weiß das niemand.

Die Menschen bauten im Laufe der Zeit ganz unterschiedliche Bootsformen aus verschiedenen Materialien, die sie in ihrem Lebensraum fanden. Zum Fortbewegen benutzten sie Paddel, Stöcke und Ruder.

Zusammengenähte Tierfelle wurden um ein Gerüst aus Zweigen gespannt.

Baumstämme wurden mit Werkzeug ausgehöhlt oder mit Feuer ausgebrannt.

Zusammengebundene Holzstämme nennt man Floß.

Weil Holz knapp war, bauten sich die alten Ägypter Boote aus Schilfrohr. Vor etwa 4500 Jahren begannen sie, die ersten Schiffe aus Holz zu bauen. Das Holz dafür bekamen sie aus anderen Ländern.

Papyrusboot der Ägypter. Der Papyrus ist eine tropische Schilfpflanze.

Wer waren die ersten Seefahrer?

Ägypten war die erste Seemacht der Welt, die Handels- und Kriegsschiffe baute. Die Ägypter trieben Handel mit den Ländern rund um das Mittelmeer. Manche Expeditionen führten sie bis in den Indischen Ozean. Und um 600 v. Chr. umsegelten sie sogar ganz Afrika.
Damit zählen die Ägypter zu den berühmtesten Seefahrern der Geschichte.

Etwa 600 v. Chr. schickte der ägyptische Herrscher Pharao Necho Schiffe auf eine Expedition, um Afrika zu umsegeln.

Die ersten aus Holz gebauten Boote der Ägypter hatten zwar schon richtige Segel, aber man benutzte zusätzlich auch Ruder. Es gab Schiffe, die 60 Meter lang waren und bis zu 700 Tonnen Gewicht tragen konnten. Mit ihnen transportierte man zum Beispiel Steine für den Pyramidenbau.

Die Ägypter, aber auch die Griechen und Römer entwickelten später Kriegsschiffe mit doppelter oder dreifacher Ruderbesetzung. Hier saßen die Ruderer in zwei Reihen untereinander. So wurde ein Schiff schneller.

Eine Bireme ist ein Handels-, aber auch ein Kriegsschiff. Die Vorsilbe „Bi“ steht für zwei und „reme“ für Ruder.

Wie sah ein römisches Handelsschiff aus?

Vor über 2 000 Jahren bauten die Römer bereits Frachtschiffe, die über 50 Meter lang waren und viele Tonnen Ladung aufnehmen konnten. Sie transportierten damit Getreide aus Ägypten sowie Seide, Edelsteine und Gewürze aus Asien. Aus Afrika brachten sie wilde Tiere für die Gladiatorenkämpfe mit.

Römischer Anker um 50 v. Chr.

Ein Handelsschiff aus dem Jahr 100 n. Chr. Es hatte eine Länge von 56 Metern, war 14 Meter breit und etwa 13 Meter hoch. Diese Schiffe waren meist aus Pinien- und Zypressenholz hergestellt und hatten zwei Segel.

Großmast
Großrah
Das Schiff wurde von einem großen, rechteckigen Segel, dem Rahsegel, angetrieben.
Die meisten Schiffe hatten am Heck einen Schwanenkopf. Dieser sollte die Schutzgöttin der Seefahrer darstellen.
Auf jeder Seite des Schiffes gab es ein Steuerruder.
Die Frachträume waren meist gefüllt mit Getreide, Wein, Öl und Tuch.

Wie bauten die Wikinger ihre Schiffe?

Im 8. Jahrhundert, nach der Zeit des Römischen Reiches, erhielt das hochseetüchtige Langschiff der Wikinger große Bedeutung. Die Wikinger bauten ihre Boote aus harten, aber biegsamen Holzplanken, die einander überlappten, ähnlich wie die Ziegel bei einem Dach. So hielten die Boote schwerem Seegang stand. Sie lagen so niedrig im Wasser, dass sie sogar in Bächen und Flüssen fahren konnten.

Solche Langschiffe brachten die Wikinger in alle Länder Nordeuropas, ins Mittelmeer und ins Schwarze Meer. Sie segelten sogar nach Grönland und bis zur Nordküste Amerikas. Die Wikinger waren gefürchtete Krieger.

Die Wikinger trieben auch Handel mit weit entfernten Ländern. Zum Transport von Waren benutzten sie kleinere Handelsschiffe. Diese wurden hauptsächlich mit Segeln fortbewegt. Die Besatzung der Handelsschiffe war nur halb so groß wie bei Kriegsschiffen. Sonnenuhren aus Holz halfen vermutlich bei der Orientierung.

Die Wikinger waren nicht nur Krieger und Seefahrer, sondern auch Händler, Bauern und Handwerker. Sie sind die Vorfahren der Schweden, Dänen und Norweger.

Um ein solches Boot wasserdicht zu halten, wurde es einmal im Jahr mit pflanzlichem Teer und Seehundöl bestrichen.

Was war die Hanse-Kogge?

In Deutschland wurde im 12. Jahrhundert die Hanse gegründet. Das war ein Bund von Kaufleuten aus norddeutschen Städten, die damit ihren Handel im In- und Ausland absicherten. Sie benutzten für ihren Handelsverkehr die Kogge, einen Schiffstyp, der in Europa neu war. Im Unterschied zum Wikingerschiff hatte die Kogge einen Frachtraum unter Deck, und das Steuerruder befand sich nicht mehr rechts, sondern in der Mitte des Hecks.

Eine Kogge war etwa 28 Meter lang und 7,50 Meter breit. Sie konnte ca. 84 Tonnen an Last aufnehmen. Das ist mehr als das Gewicht von 80 heutigen Kleinwagen.

Der Frachtraum befand sich unter dem Hauptdeck. In Kriegszeiten wurden mit der Kogge auch Truppen befördert.

Wie bei den Wikingern war der Schiffsrumpf in Klinkerbauweise angefertigt.

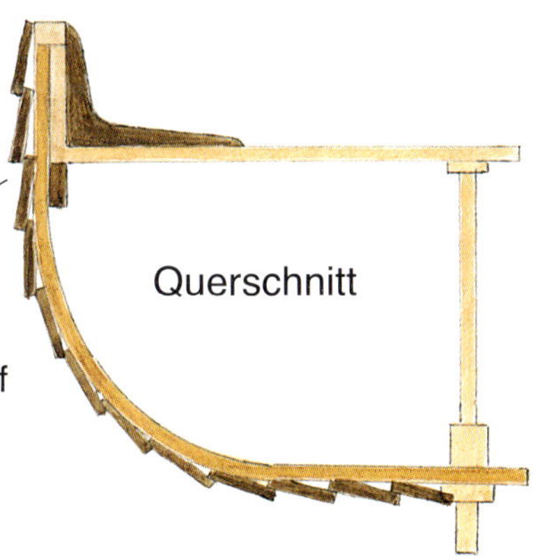

Wie entwickelte sich der Schiffbau?

Etwa 800 Jahre lang bauten die Europäer Schiffe in der Klinkerbauweise. Um 1450 entstanden die Karacken und Karavellen, deren Rumpfplanken sich nicht mehr überlappten, sondern glatt aneinander gefügt waren. Das nennt man Kraweelbauweise. Die Schiffe hatten drei Masten. Am hinteren Mast war ein dreieckiges Lateinersegel angebracht, um auch mit Seitenwind besser segeln zu können.

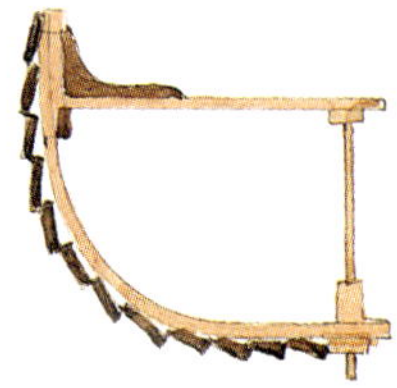

Klinkerbau

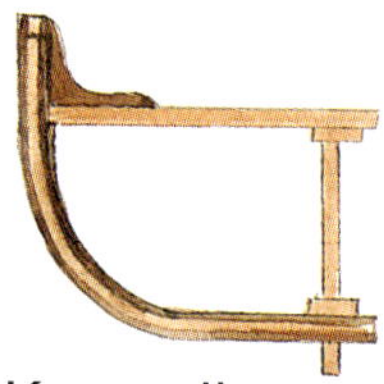

Kraweelbau

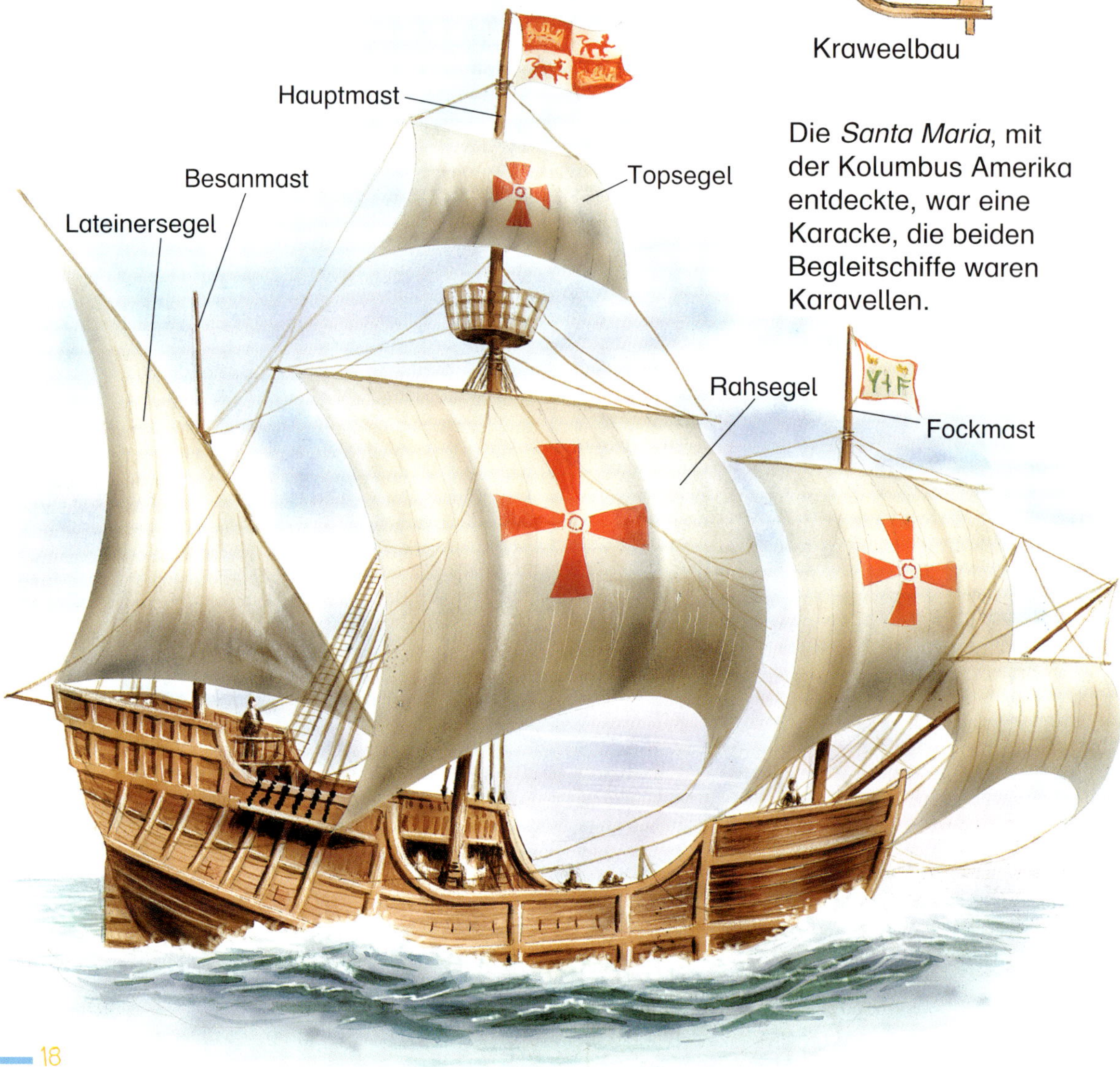

Die *Santa Maria*, mit der Kolumbus Amerika entdeckte, war eine Karacke, die beiden Begleitschiffe waren Karavellen.

Die Nachfolger der Karavellen waren die berühmten Galeonen. Das sind die Schiffe, die man aus den Piratenfilmen kennt. Es handelte sich dabei meist um Schlachtschiffe mit einem schnabelähnlichen Bug. Zur besseren Stabilität wurden die Bordwände nach innen gewölbt. So konnten die Schiffe auch schwere Gewichte, wie Kanonen und Geschütze, tragen.

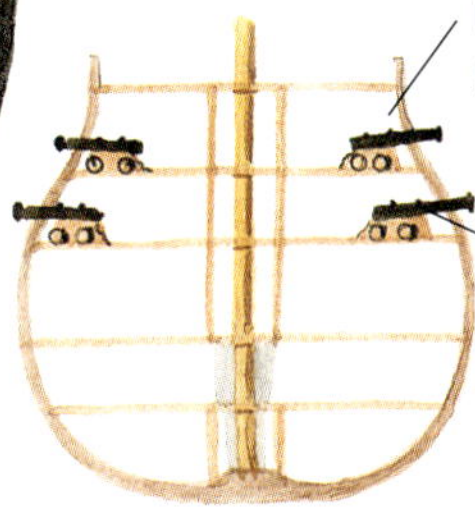

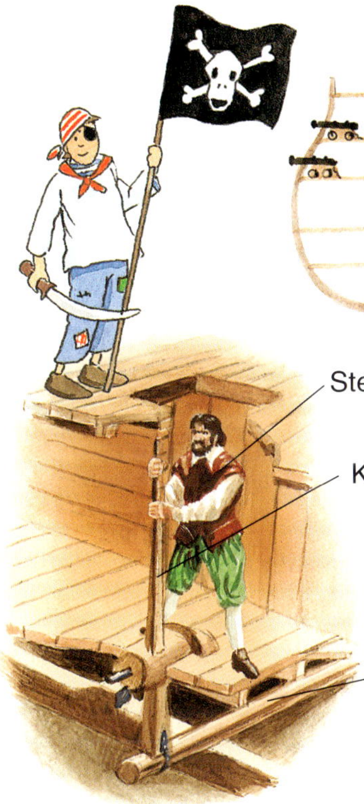

Neu bei der Galeone war, dass das Heckruder mit einem Hebel (Kolderstock) bedient wurde, der unter Deck war. Das Steuerrad wurde erst später erfunden.

Englische Galeone um 1600

Eine nur 40 Meter lange Galeone war oft mit mehr als 30 oder 40 Geschützen bestückt und hatte mehr als 200 Mann Besatzung.

Welche Segelschiffe gibt es?

Segelschiffe unterscheidet man nach Größe, Bauweise, Verwendungszweck und nach der Art der Segel sowie der Anzahl und Anordnung der Masten. Es gibt nur wenige grundlegende Formen von Segeln, aber unendlich viele Kombinationen, wie Segel und Masten angeordnet sind. Diese gesamte Segeleinrichtung nennt man Takelage.

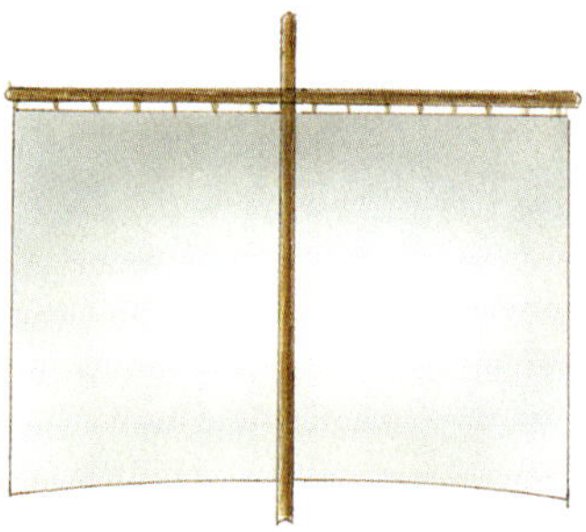

Rahsegel

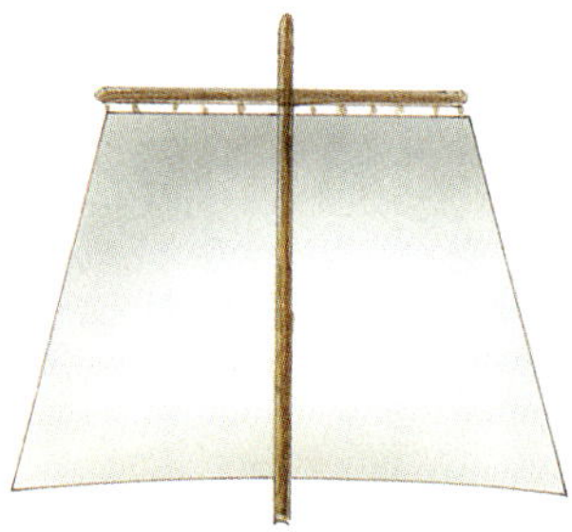

Marssegel

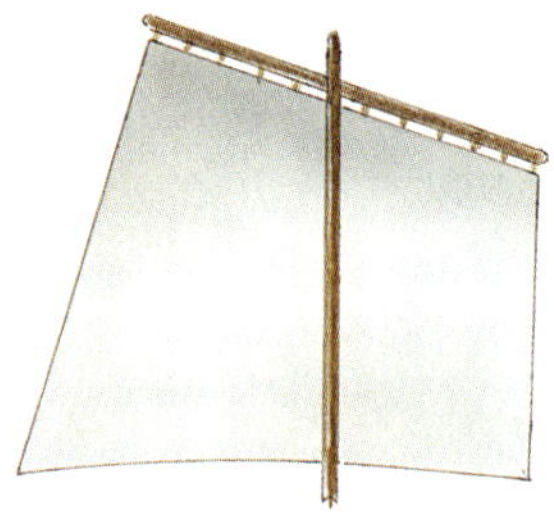

Luggersegel

Lateinersegel

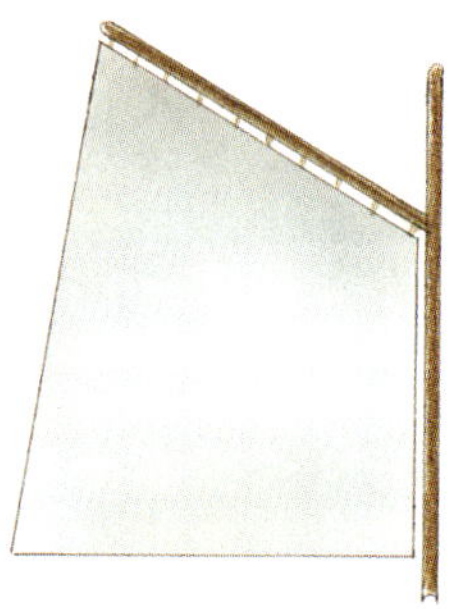

Gaffelsegel

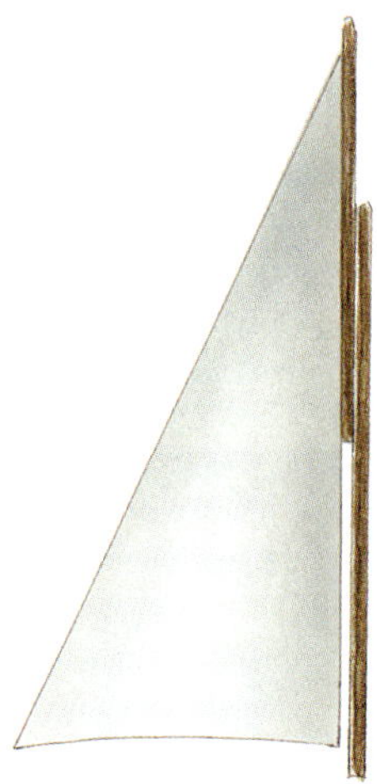

Hochsegel

Es gibt etwas mehr als 20 Segelarten. Auf den meisten Segelschiffen wird man die hier abgebildeten finden. Die Anzahl der Segel wirkt sich auf die Geschwindigkeit des Schiffes aus.

Brigg

Schonerbrigg

Brigantine

Zweimast-Schoner

Vollschiff

Dreimast-Bark

Dreimast-Barkantine

Viermast-Schoner

Fünfmast-Bark

Zu den wichtigsten Segelschiffstypen zählen Ketsch, Kutter, Schaluppe, Bark, Barkantine, Brigg, Brigantine, Schnau, Schoner und Vollschiff. Es gibt hier auch Kombinationen untereinander wie Schoner-Bark oder Schoner-Brigg. Diese Segelschiffe haben manchmal bis zu fünf oder sogar sechs Masten.

Warum schwimmt ein Schiff?

Ein Schiff, wie zum Beispiel ein riesiger Ozeandampfer, ist natürlich sehr schwer. Wie kommt es also, dass es nicht untergeht? Das liegt unter anderem daran, dass es immer eine entsprechende Menge an Wasser verdrängt und dieses Wasser versucht, wieder zurückzuströmen. Dabei entsteht Auftrieb, der das Schiff nach oben drückt.

Die *Queen Mary II* ist das größte Passagierschiff der Welt. Mit 345 Metern ist sie länger als vier Jumbojets und wiegt 151 500 Tonnen.

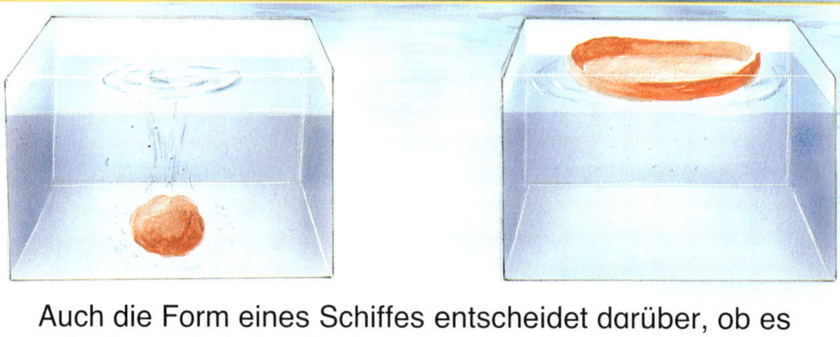

Auch die Form eines Schiffes entscheidet darüber, ob es schwimmt. Auf eine flachere, größere Form kann der Auftrieb besser einwirken. Sie schwimmt deshalb besser als eine kleinere, gedrungene Form. Das kannst du selber mit einem Stück Knetgummi ausprobieren.

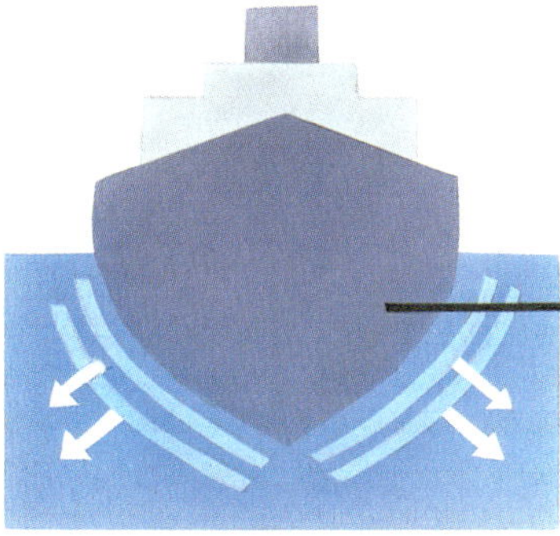

Ein Schiff, das im Wasser liegt, drückt das Wasser nach allen Seiten weg. Das nennt man Verdrängung.

Das verdrängte Wasser nimmt die gleiche Menge an Raum (Volumen) ein wie der im Wasser liegende Schiffsrumpf.

Nun drückt das verdrängte Wasser zurück gegen den Schiffsrumpf.
Das nennt man Auftrieb.

Das Schiff ist mit seinem hohlen Rumpf genauso schwer wie die Menge des verdrängten Wassers und schwimmt durch den Auftrieb.

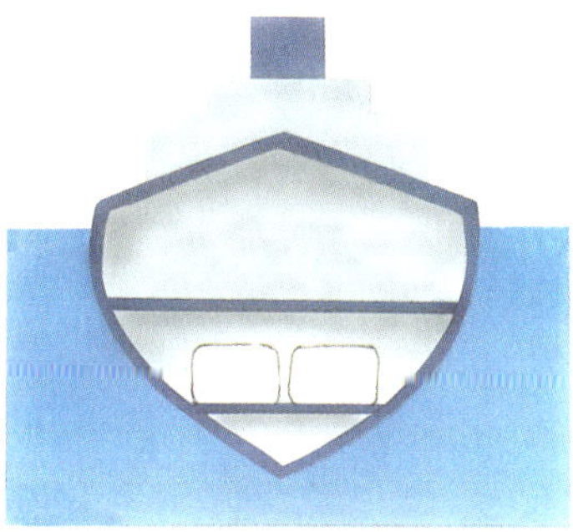

Je mehr ein Schiff wiegt, desto mehr Wasser verdrängt es. Ab einem bestimmten Gewicht kann der Auftrieb das Schiff nicht mehr so weit aus dem Wasser drücken.

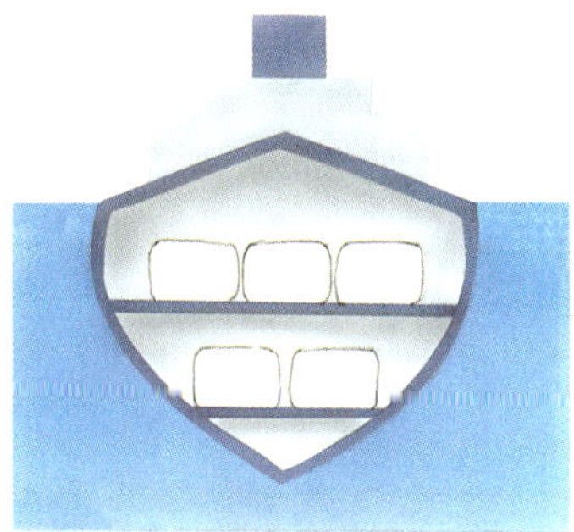

Die Last oder Belastung eines Schiffes bestimmt also seinen Tiefgang. Wird es zu schwer beladen, kann es sogar untergehen.

Der griechische Gelehrte Archimedes (287 bis 212 v. Chr.) machte beim Baden eine wichtige Entdeckung. Als er in eine Wanne stieg und das Wasser überlief, stellte er fest, dass sein Körper weniger zu wiegen schien als außerhalb der Wanne. Daraus folgerte er, dass sein scheinbar verlorenes Gewicht und das Gewicht des übergelaufenen Wassers gleich sein müssten.

Wie nutzen Segelschiffe den Wind?

Es gibt zwei Möglichkeiten, wie man die Segel setzen kann. Ein rechteckiges Segel, das quer zum Schiff gesetzt ist, kann nur den Wind von hinten nutzen. Bei seitlich gesetzten Segeln trifft der Wind in einem Winkel auf, und so kann das Schiff in jede Richtung gelenkt werden.

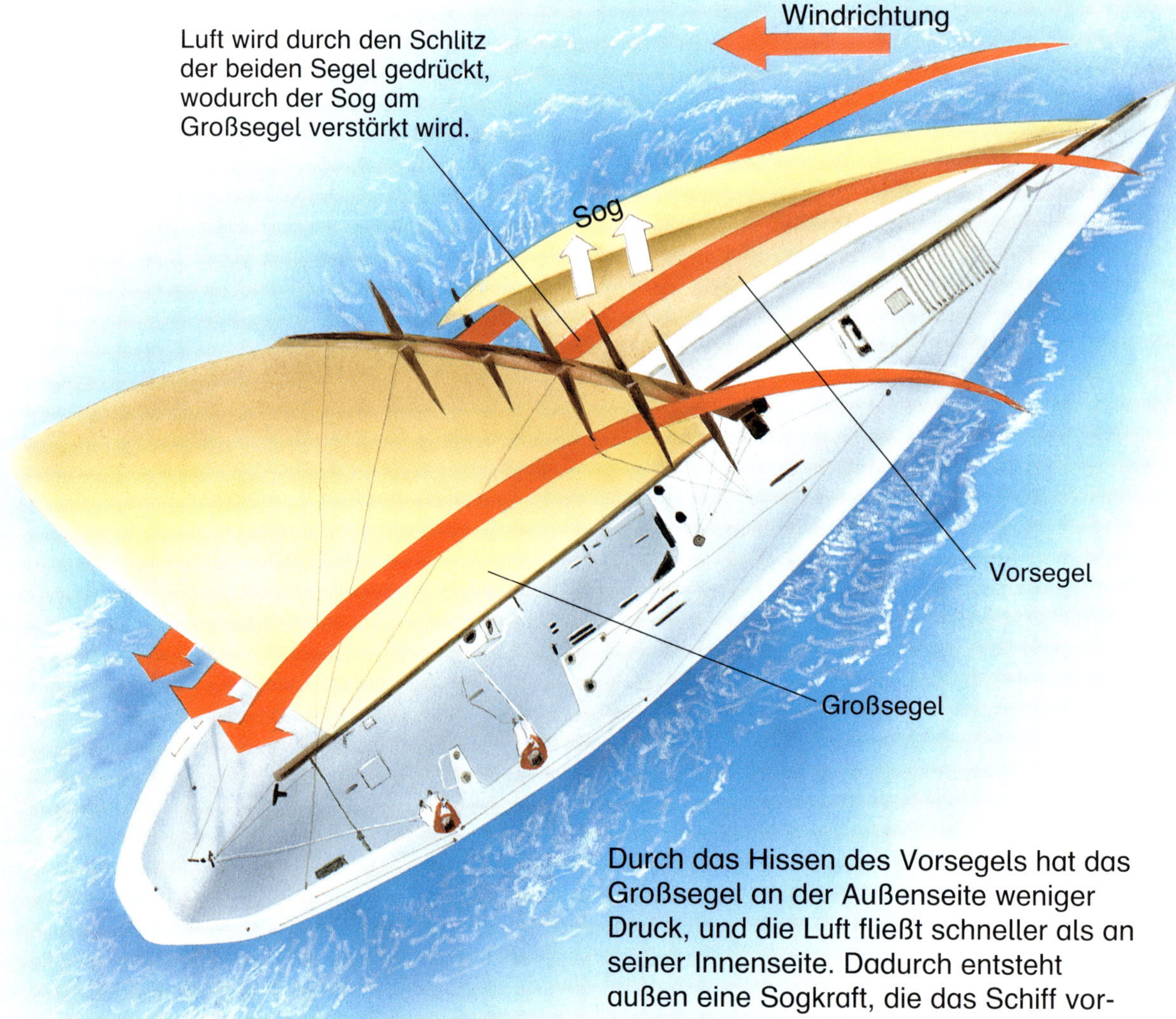

Durch das Hissen des Vorsegels hat das Großsegel an der Außenseite weniger Druck, und die Luft fließt schneller als an seiner Innenseite. Dadurch entsteht außen eine Sogkraft, die das Schiff vor- und seitwärts zieht.

Wie das mit der Windkraft und der Sogwirkung funktioniert, kannst du selber ausprobieren. Anstatt eines Segels nimmst du ein Blatt Papier und bläst darüber. Das herunterhängende Blatt hebt sich und bleibt fast waagerecht in der Luft hängen.

Wie hält man den Kurs?

Man kann ein Boot segeln, wenn der Wind von hinten oder von der Seite kommt. Ein Boot kann nicht direkt und geradeaus gegen den Wind segeln. Es muss stattdessen kreuzen. Das heißt, es fährt in einem Zick-Zack-Kurs gegen den Wind. Beim Kreuzen segelt man oft „hart am Wind".

Durch das Pusten über die obere Seite des Blattes wird die Luft schneller bewegt als an der unteren Seite. Dadurch verringert sich der normale Luftdruck an der Blattoberseite, und der stärkere Luftdruck an der Unterseite drückt das Blatt nach oben. An der Oberseite entsteht Sog und an der Unterseite Druck.

Um ein Schiff zu steuern, muss man auch das Ruder bewegen. Die Stellung des Ruders bestimmt die Fahrtrichtung.

Steht das Ruder gerade, fließt das Wasser gleichmäßig an beiden Seiten vorbei. Das Schiff fährt geradeaus.

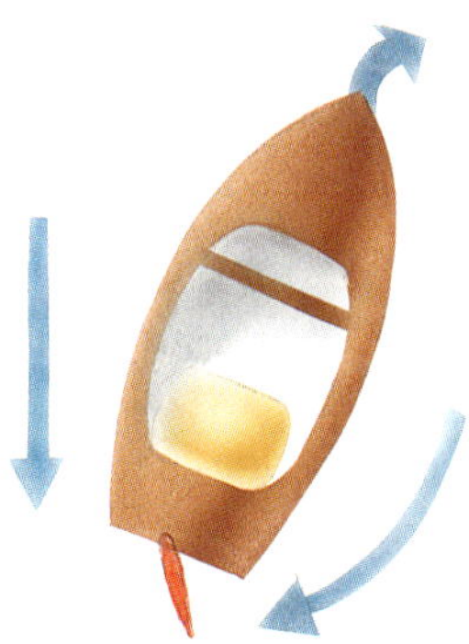

Wird das Ruder nach rechts gedreht, drückt das Wasser dagegen, und das Schiff bewegt sich nach rechts.

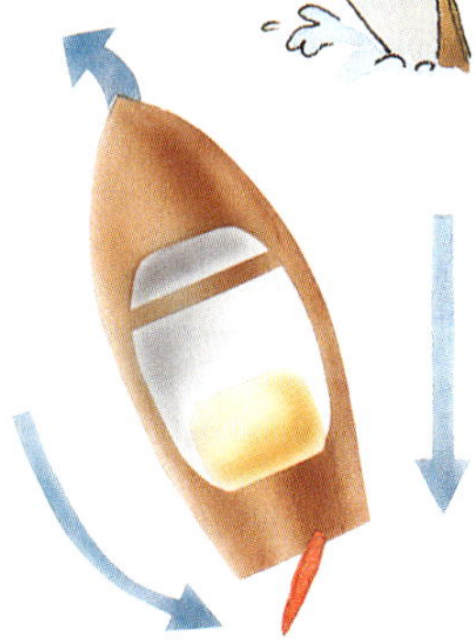

Dreht man das Ruder dagegen zur linken Seite, so bewegt sich auch das Schiff nach links.

Wann fuhr das erste Dampfschiff?

Versuche, die Dampfkraft für Schiffe zu nutzen, fanden bereits 1737 statt. Die neuen Dampfschiffe wurden mit Seitenrädern angetrieben. Deshalb nannte man sie Raddampfer. Der erste funktionierende Raddampfer fuhr 1783 in Frankreich. Das erste Dampfschiff der Welt, das als Handelsschiff erfolgreich war, hieß *Clermont* und fuhr 1807 auf dem Hudson-River in Amerika.

Die *Great Britain* war 1843 der erste Passagierdampfer im Atlantikverkehr. Sie konnte über 360 Reisende transportieren und war der erste Dampfer mit einem Rumpf aus Eisen.

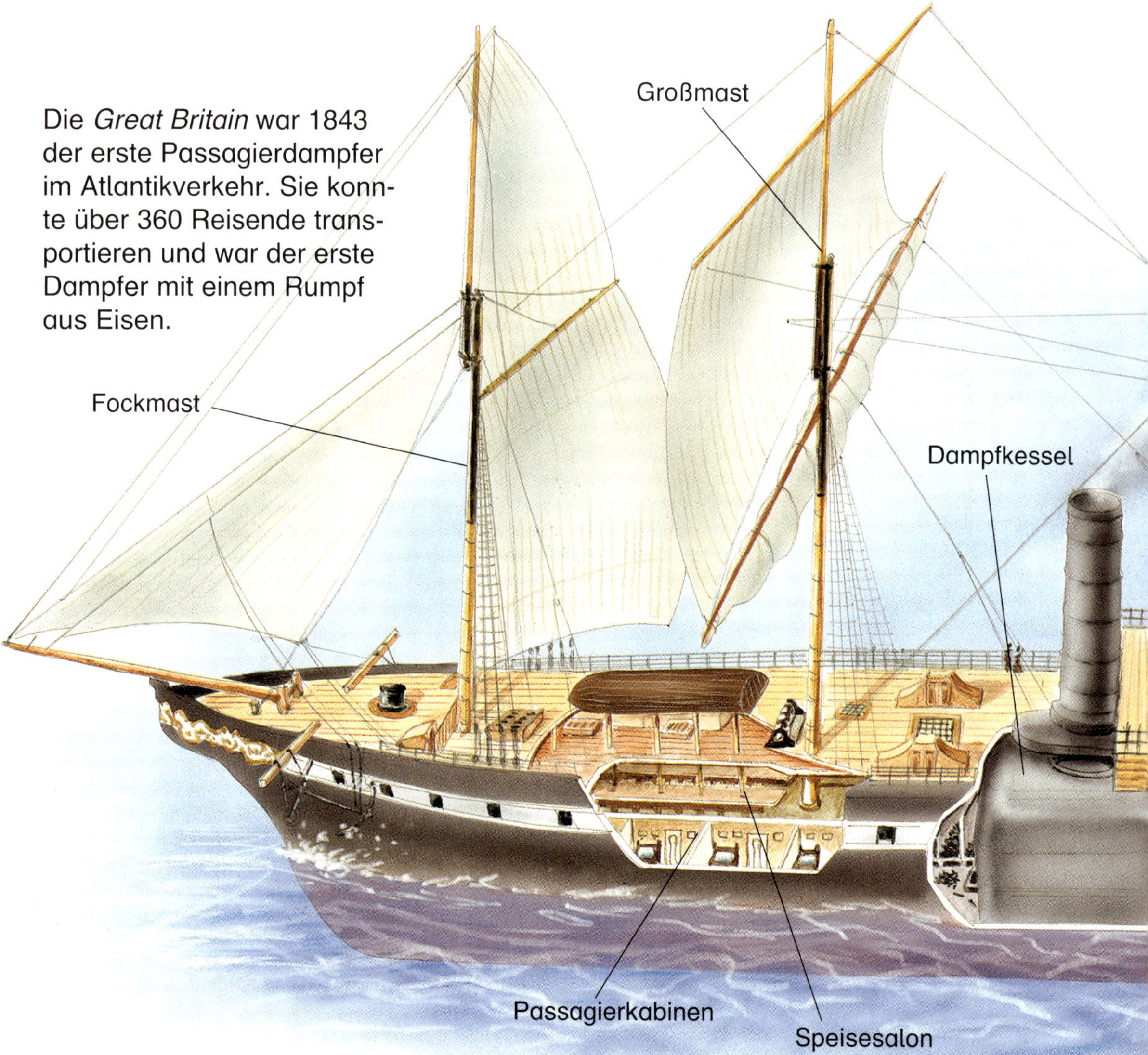

Dampfschiffe wurden zunächst spöttisch betrachtet, aber allmählich lernte man ihre Windunabhängigkeit zu schätzen. Das erste, nur mit Dampf angetriebene Schiff überquerte im Jahre 1833 den Atlantik. Zwar fuhren Dampfschiffe immer noch mit zusätzlichen Segeln, aber ab 1870 gab es schon Dampfer ohne Segel.

Als eines der ersten Dampfschiffe überquerte die *Sirius* 1838 den Atlantischen Ozean.

Menschen unterwegs

Im 19. Jahrhundert wanderten Millionen von Menschen nach Amerika aus, weil sie sich dort ein besseres Leben erhofften. Die Passagierschifffahrt wurde zu einem guten Geschäft. Man baute immer größere Schiffe.

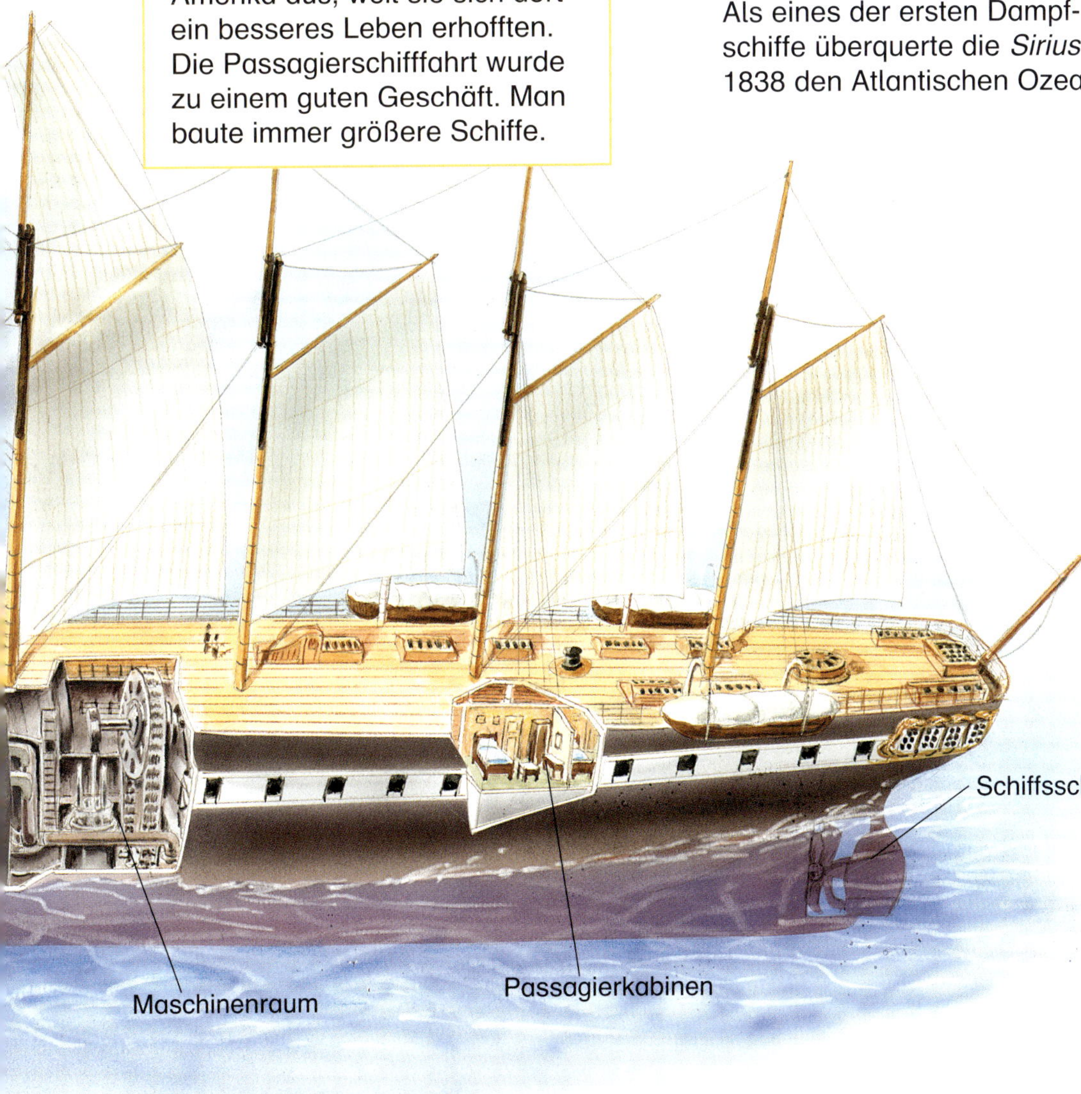

Was ist eine Fregatte?

Die Fregatte war ursprünglich ein dreimastiges Segelschiff von mittlerer Größe. Sie wurde seit dem 17. Jahrhundert als Kriegsschiff eingesetzt. Und noch heute bilden Fregatten das Rückgrat der Kriegsmarine. Es sind modern ausgerüstete Schiffe. Die Fregatten werden heute von Dieselmotoren oder Gasturbinen angetrieben und besitzen für ihre Aufgaben modernste Computertechnologie.

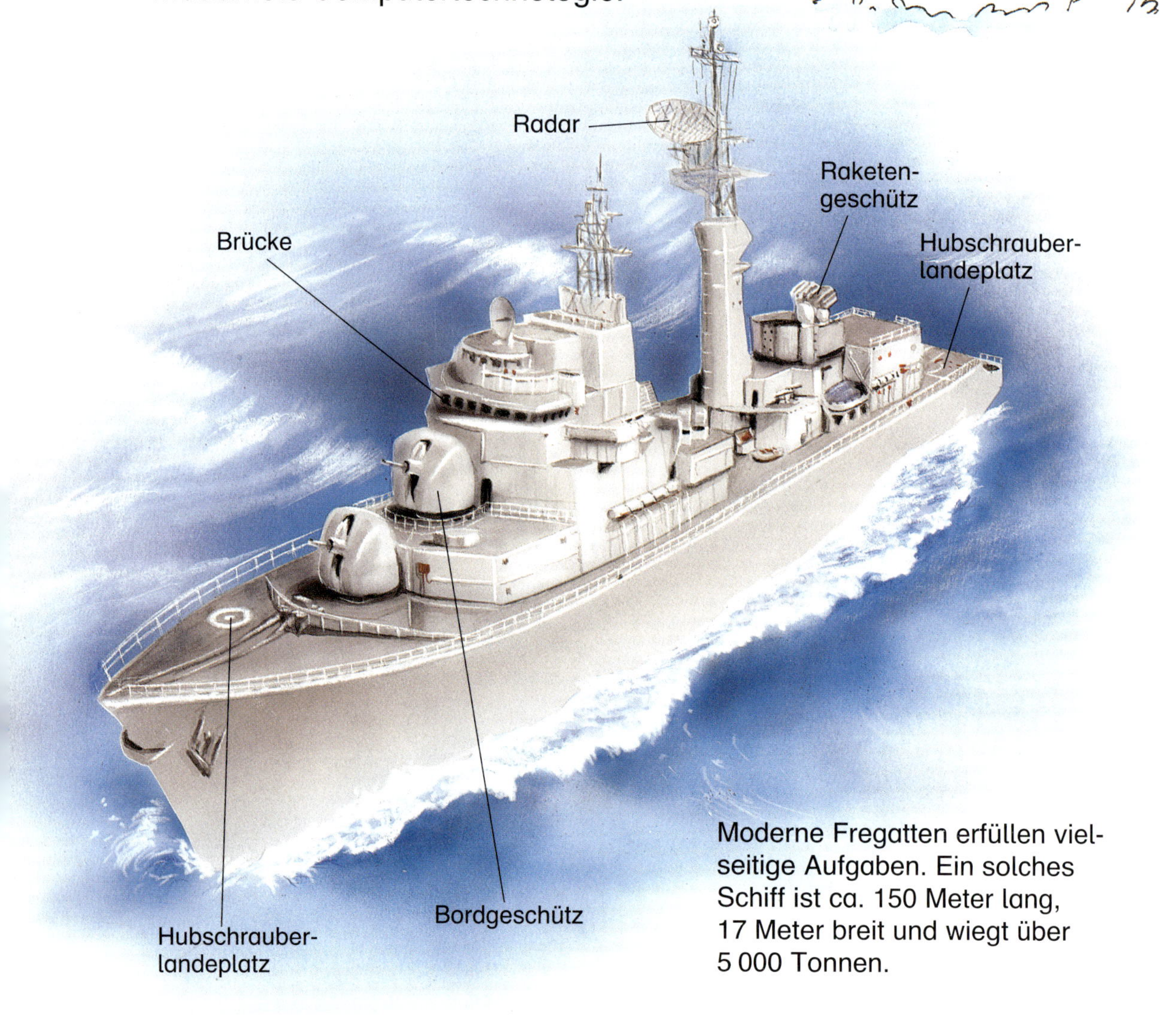

Moderne Fregatten erfüllen vielseitige Aufgaben. Ein solches Schiff ist ca. 150 Meter lang, 17 Meter breit und wiegt über 5 000 Tonnen.

Moderne Schiffe sind heutzutage oft mit einem Turbinentriebwerk ausgestattet. Solche Triebwerke haben nicht mehr Gewicht und Größe als ein Dieselmotor, erbringen aber wesentlich mehr Leistung als irgendein anderer Schiffsantrieb. Bei einer Turbine wird Luft angesaugt, verdichtet und dann mit Treibstoff gemischt und gezündet.

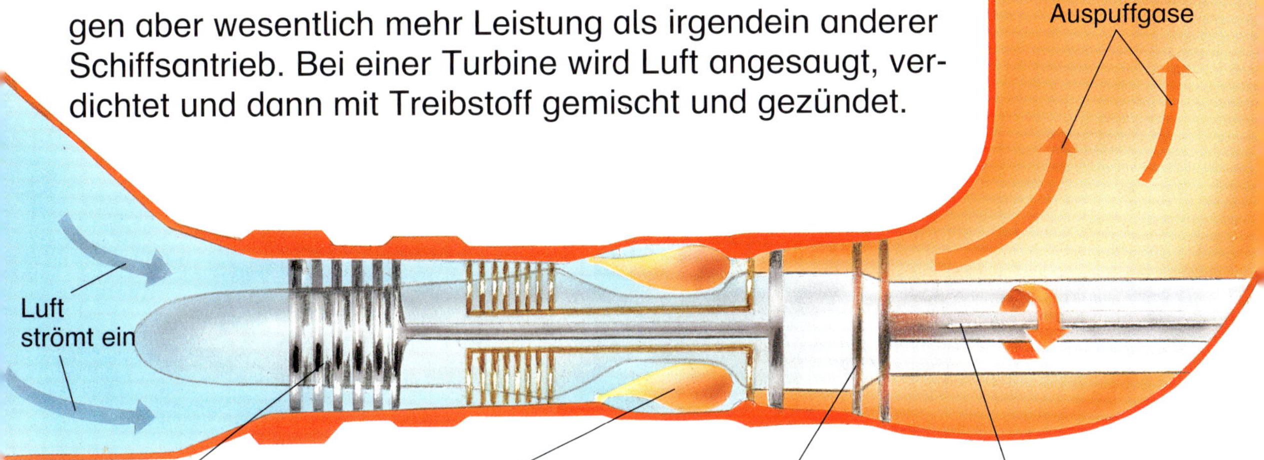

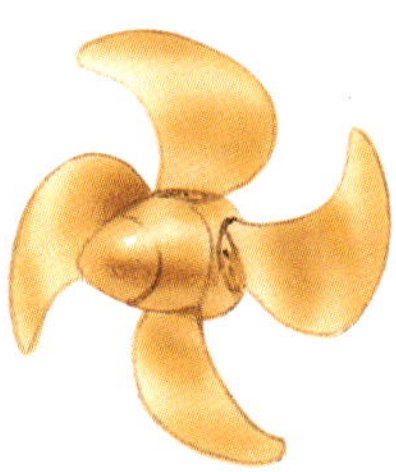

Schiffsschrauben werden mit vier oder mehr Blättern gebaut. Für bestmögliche Schubkraft wird ihre Form genauestens berechnet.

Die meisten maschinenbetriebenen Schiffe haben einen oder mehrere Propeller (Schiffsschrauben). Diese erzeugen Vorwärtsschub, indem sie Wasser nach hinten stoßen. Die gewölbten Propellerblätter, die wie Flügel unter Wasser wirken, erzeugen zusätzlich eine Sogkraft.

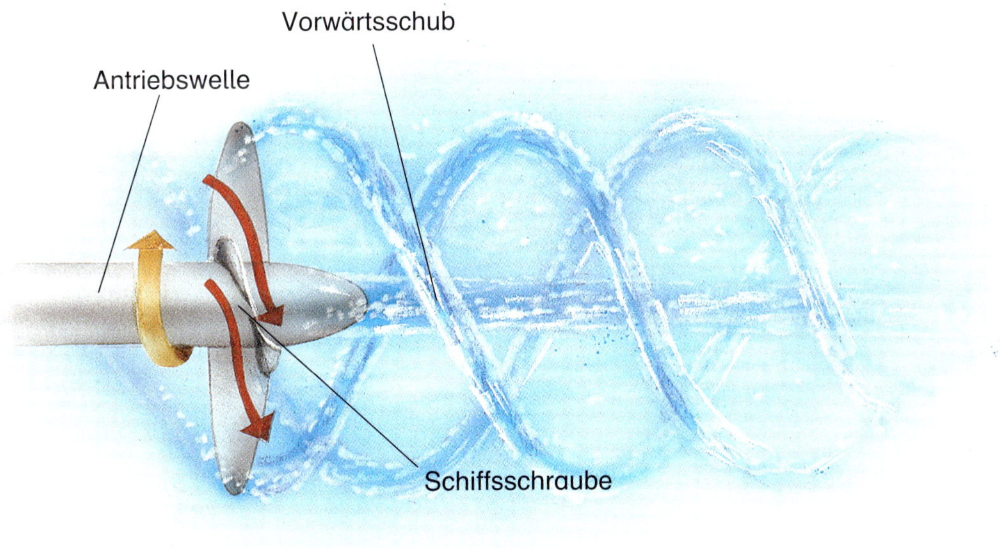

Wie funktioniert ein U-Boot?

Der erste Einsatz eines Unterseebootes liegt schon mehr als 200 Jahre zurück. Als Antrieb diente damals ein handbetriebener Propeller. U-Boote sind speziell zum Tauchen konstruiert, müssen aber auch schwimmfähig sein. Sie tauchen, indem man Ballast in Form von Wasser ab- oder einlässt. U-Boote müssen stabil gebaut sein, da der Wasserdruck mit zunehmender Tiefe immer stärker wird.

Die meisten U-Boote haben eine Innen- und Außenhülle. Die innere Hülle ist dicker, damit sie dem Wasserdruck standhält. Die Außenhülle ist stromlinienförmig, um den Wasserwiderstand zu verringern. Zwischen beiden Hüllen befinden sich Tauchzellen und Treibstofftanks.

Beim Tauchen öffnet das U-Boot seine Ballasttanks und flutet die leeren Tauchzellen mit Wasser, sodass das Boot schwerer wird. Zum Auftauchen wird das Wasser mithilfe von Pressluft wieder aus den Tauchzellen herausgepresst. Das Vorwärtsfahren geschieht mithilfe der Heckschraube, die mehr Blätter hat als ein Schiff.

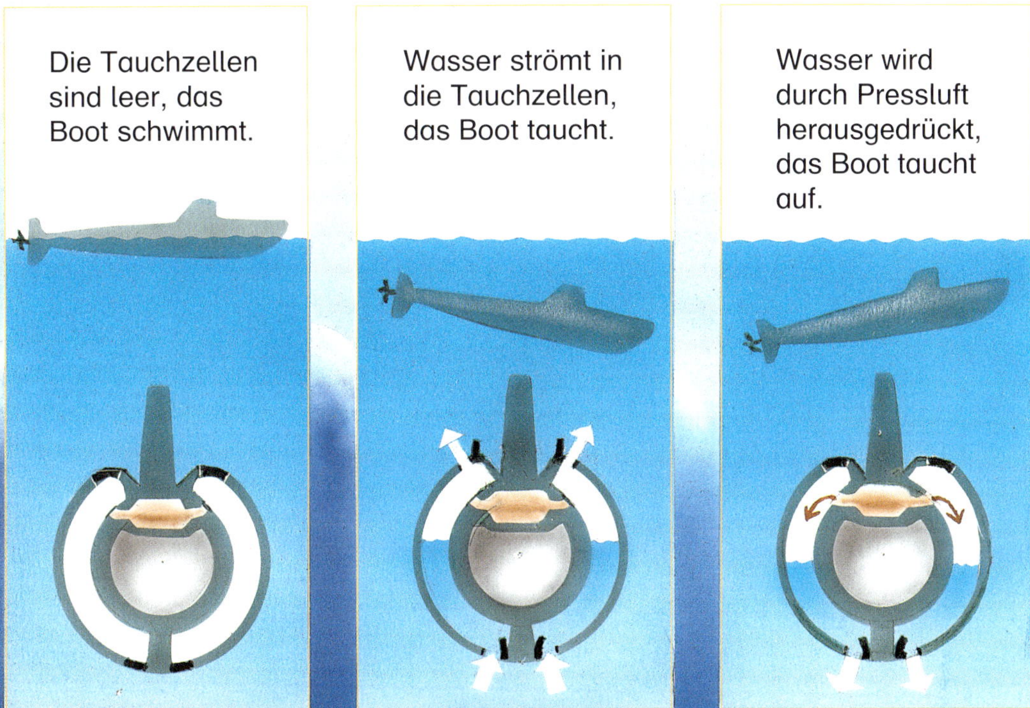

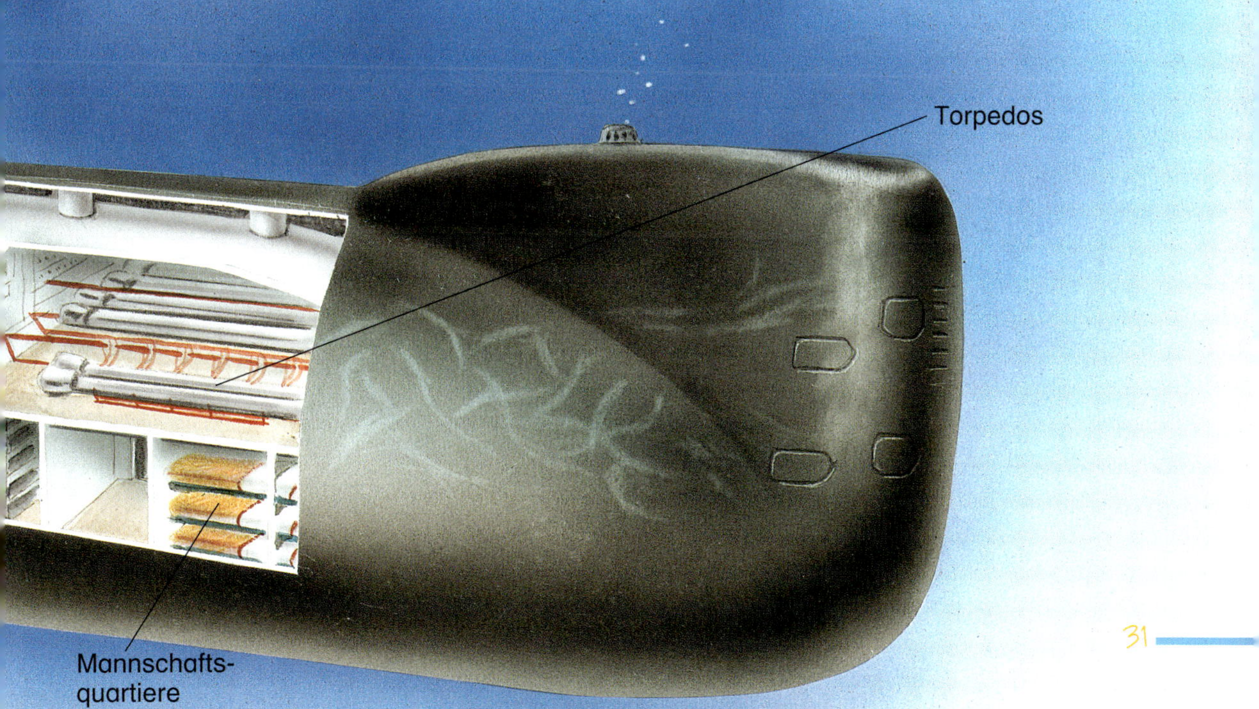

Welche Besatzung hat ein Flugzeugträger?

Die größten Kriegsschiffe sind die Flugzeugträger. Auf ihren gewaltigen Flugdecks können Flugzeuge starten und landen. Manche sind größer als ein 20-stöckiges Gebäude. Auf diesen Schiffen haben mehr als 80 Flugzeuge Platz. Die Besatzung des derzeit größten Flugzeugträgers, der *USS Abraham Lincoln*, ist fast 6 000 Mann stark.

Kampfflugzeuge, Aufklärungsflieger, Jagdflugzeuge, Anti-U-Boot-Flieger und Hubschrauber können auf dem Deck eines Flugzeugträgers starten und landen.

Ein Düsenjet wartet auf dem Flugdeck auf seine Starterlaubnis. Das Flugdeck ist etwa 333 Meter lang.

Damit ein 30 Tonnen schweres Flugzeug starten und landen kann, sind sehr viele Vorbereitungen notwendig. Für den Start gibt es einen Katapult. Das ist eine Art Schleuder, mit der das Flugzeug abgeschossen wird. Für die Landung hat man Fangnetze, Fangkabel und Bremsfallschirme.

Technische Daten

Länge	333 m
Breite	78 m
Gewicht	100 000 t
Tiefgang	11 m
Besatzung	5680
Geschwindigkeit	32 kn
Flugzeuge	86

An Bord eines Flugzeugträgers leben und arbeiten tausende von Menschen mit den unterschiedlichsten Berufen. Besonders die Köche haben viel zu tun, um die vielen Menschen zu versorgen. An Bord gibt es auch Geschäfte, Kinos und Satellitenfernsehen.

Welche Schiffe sind am größten?

Frachtschiffe befördern Güter in alle Teile der Welt. Die größten unter ihnen sind die Öltanker. Diese gewaltigen Schiffe haben eine Tragfähigkeit von mehr als 500 000 Tonnen und sind so groß, dass sie nicht jeden Hafen anlaufen können. Andere Schiffe befördern Güter in Containern. Das sind Frachtbehälter, die 6 bis 12 Meter lang sind. Die großen Frachter können über 7 000 von solchen 6-Meter-Containern laden.

Ein moderner Supertanker besitzt computergesteuerte Navigationssysteme. Deshalb braucht das Schiff nur wenige Besatzungsmitglieder.

Passagierschiffe sind große komfortable Schiffe zur Beförderung von Fahrgästen. Als es noch keine günstigen Flugreisen gab, dienten sie hauptsächlich zur Überquerung des Atlantiks. Die *Jewel of the Seas* zählt zu den größten Passagierschiffen der Welt.

Jewel of the Seas

An Bord der *Jewel of the Seas* gibt es Restaurants, Kinos, Theater, Fitnessräume, Schwimmbäder, Geschäfte und Spielsalons.

Weltmeister unter den Riesen

Die *Jahre Viking* ist der zurzeit größte Öltanker und damit das größte Schiff der Welt. Sie hat eine Tragfähigkeit von 650 000 Tonnen und kann ca. 650 Millionen Liter Öl befördern. Das Schiff hat eine Länge von 458 Metern und ist 68 Meter breit. Der Antrieb hat eine Leistung von etwa 37 300 kW, das sind ungefähr 50 000 PS.

Welche Boote sind am schnellsten?

Die Schnellfähre *Hoverspeed Great Britain* zählt zu den Katamaranen. Das sind Schiffe mit doppeltem Rumpf. Die Fähre wird durch zwei Wasserdüsen angetrieben. Meerwasser wird angesaugt und mit hohem Druck am Heck wieder ausgestoßen. Die Düsen sind beweglich. So kann die Fähre mit den Düsenstrahlen gelenkt werden. Das macht ein Ruder überflüssig.

Das Schiff erhielt 1990 das „Blaue Band“, eine Trophäe für die schnellste Atlantiküberquerung.

Ein Tragflügelboot ist ein Schiff mit einer Art Wasserskigestell. Am unteren Ende des Gestells befinden sich Fügel, ähnlich wie bei einem Flugzeug. Diese Flügel entwickeln bei Beschleunigung eine Sogwirkung (Auftrieb). Dadurch hebt sich bei hoher Geschwindigkeit der Rumpf aus dem Wasser.

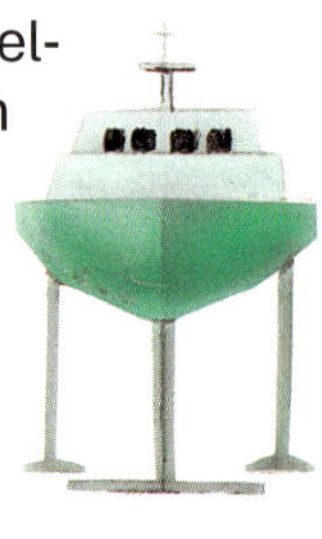

Flügelstellung von vorn.

Die bewegliche Klappe an der vorderen Strebe funktioniert wie ein Ruder.

Ein Luftkissenfahrzeug ist kein Schiff, das schwimmt. Es gleitet ohne Strömungswiderstand über das Wasser und kann deswegen große Geschwindigkeiten erreichen. Angetrieben von Propellern, schwebt es auf einem Luftpolster, das von einem Gebläse erzeugt wird. Es kann über Wasser und auch über Land fahren, wobei das Luftpolster von einer Schürze stabil gehalten wird.

Das Luftkissenboot schwebt auf einem Luftpolster.

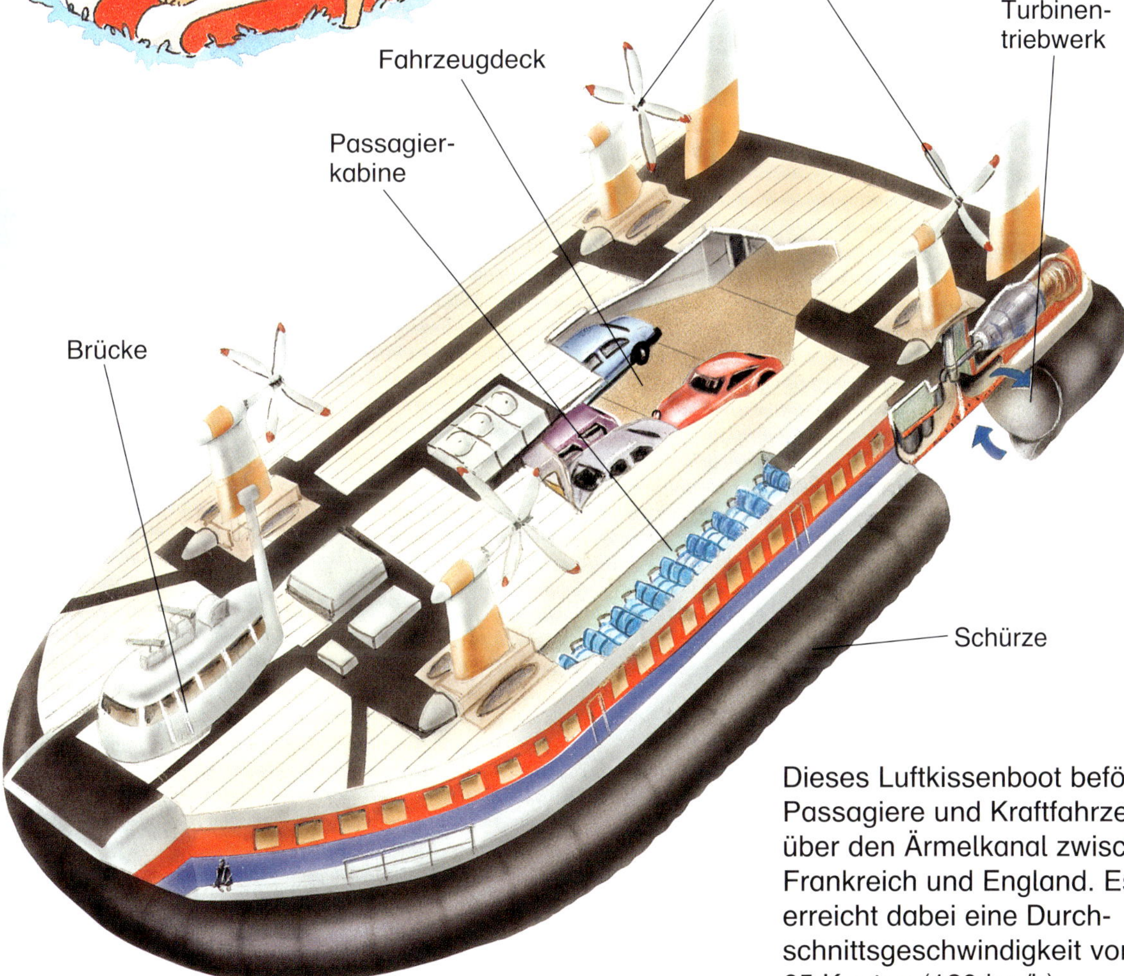

Dieses Luftkissenboot befördert Passagiere und Kraftfahrzeuge über den Ärmelkanal zwischen Frankreich und England. Es erreicht dabei eine Durchschnittsgeschwindigkeit von 65 Knoten (120 km/h).

Was versteht man unter Navigation?

Das Wort Navigation bedeutet Orts- und Kursbestimmung. Es kommt vom lateinischen Wort „navigatio“, was eigentlich Schifffahrt bedeutet. Die frühen Seefahrer richteten sich nach Sonne und Sternen und beschrieben die Küstenlinien, die sie besuchten, sodass davon Karten gezeichnet werden konnten. Zur besseren Orientierung erfand man weitere navigatorische Hilfsmittel. Eines der wichtigsten war der Kompass, der im 11. Jahrhundert in China erfunden wurde.

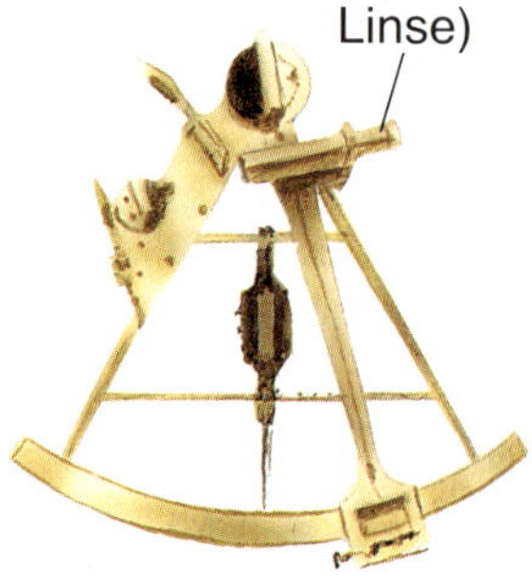

Sextant um 1760. Mit einem Blick durch das Okular ermittelt man die Höhe der Sonne über dem Horizont und liest aus Buchtabellen die Schiffsposition ab.

Das Astrolabium war der Vorläufer des Sextanten und wurde vermutlich im 10. Jahrhundert von Arabern entwickelt.

Nachdem man mithilfe der anderen Messinstrumente seine Position bestimmt hat, braucht man den Kompass, um den Zielkurs festzulegen.

Am wichtigsten war aber wohl die Erfindung der Uhr. Mit genauer Zeitmessung in Stunden und Minuten ließ sich jetzt exakt die genaue Lage eines Schiffes bestimmen. Seit der Erfindung des ersten navigatorischen Hilfsmittels, des Astrolabiums, im 10. Jahrhundert bis zur heutigen Satellitennavigation sind über 1 000 Jahre vergangen.

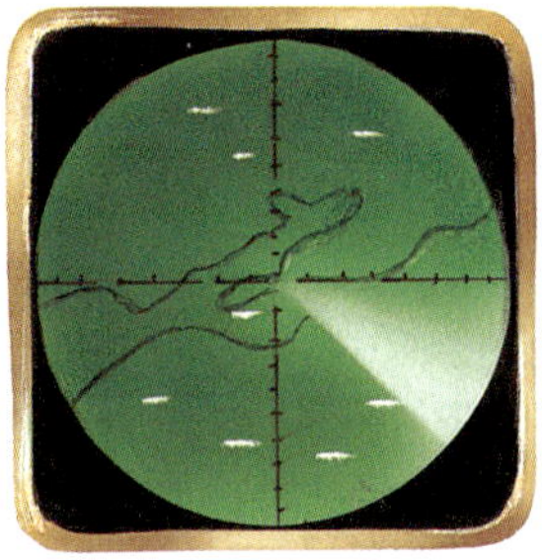

Heute kann man durch Radarstrahlen die Küstenlinie und andere Schiffe auf dem Radarschirm sichtbar machen und so auch Zusammenstöße vermeiden.

Uhren nannte man früher Chronografen.

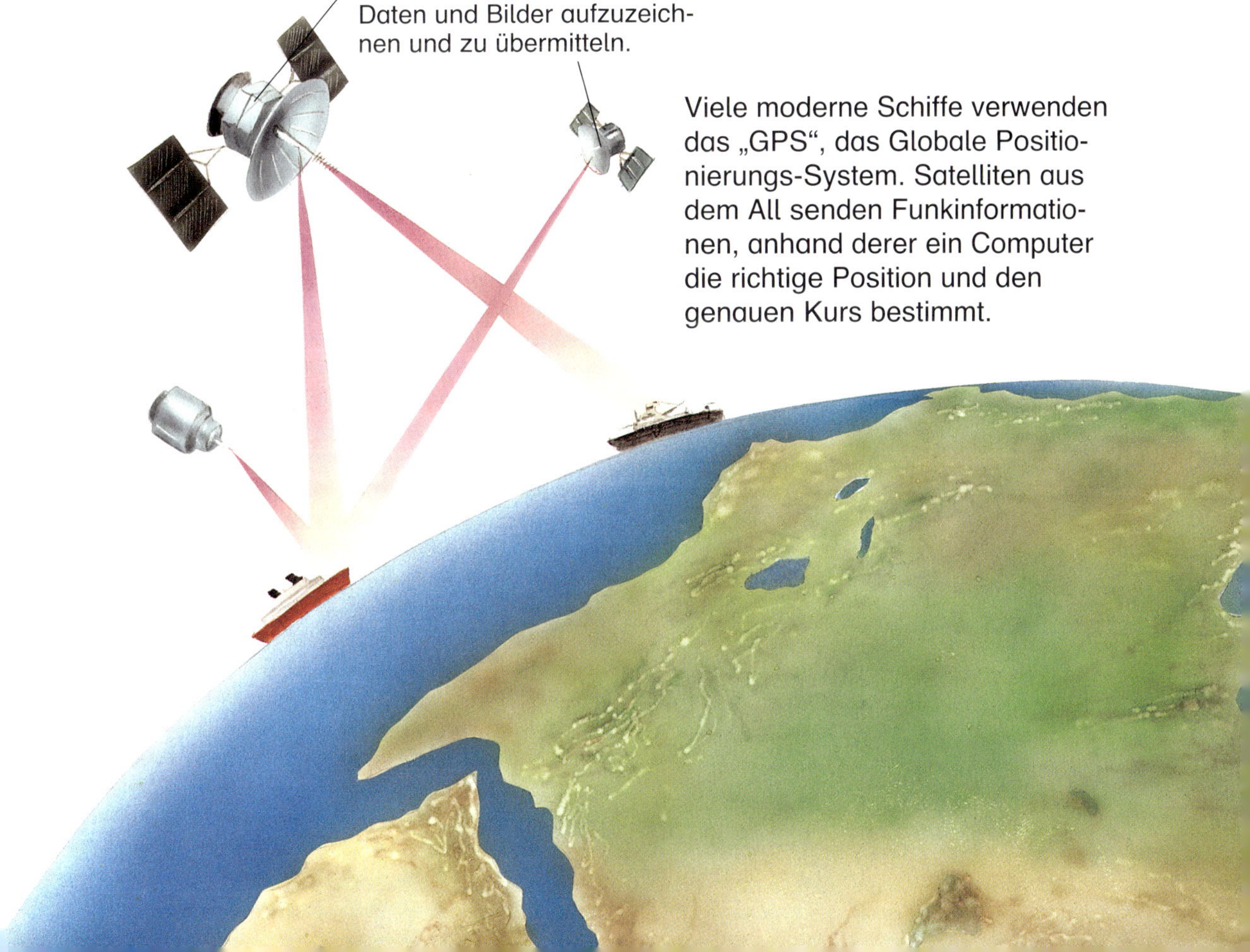

Viele solcher Satelliten umkreisen in einer Umlaufbahn die Erde, um Daten und Bilder aufzuzeichnen und zu übermitteln.

Viele moderne Schiffe verwenden das „GPS“, das Globale Positionierungs-System. Satelliten aus dem All senden Funkinformationen, anhand derer ein Computer die richtige Position und den genauen Kurs bestimmt.

Wie sieht es auf einer Brücke aus?

Die Brücke ist das Kommandozentrum eines Schiffes. Alle auf dem Schiff gesammelten Informationen laufen hier zusammen. Die Hauptaufgabe eines Kapitäns ist es natürlich, das Schiff sicher zu manövrieren. Diese Aufgabe besteht in erster Linie in der Überwachung und Handhabung sämtlicher Elektronik. Der Blick eines Kapitäns ist heute ständig auf Monitore und Bildschirme gerichtet.

Häufig ist das Einlaufen in den Hafen der schwierigste und gefährlichste Teil einer Seereise. Auf hoher See ist viel Platz, und dank elektronischer Navigationshilfen finden die Schiffe ihren Weg fast von allein. In einem engen Hafen ist das anders, da wird die ganze Aufmerksamkeit des Kapitäns und seiner Mannschaft gefordert. Meist wird der Kapitän von so genannten Lotsen unterstützt, die sich besonders gut in dem jeweiligen Hafen auskennen.

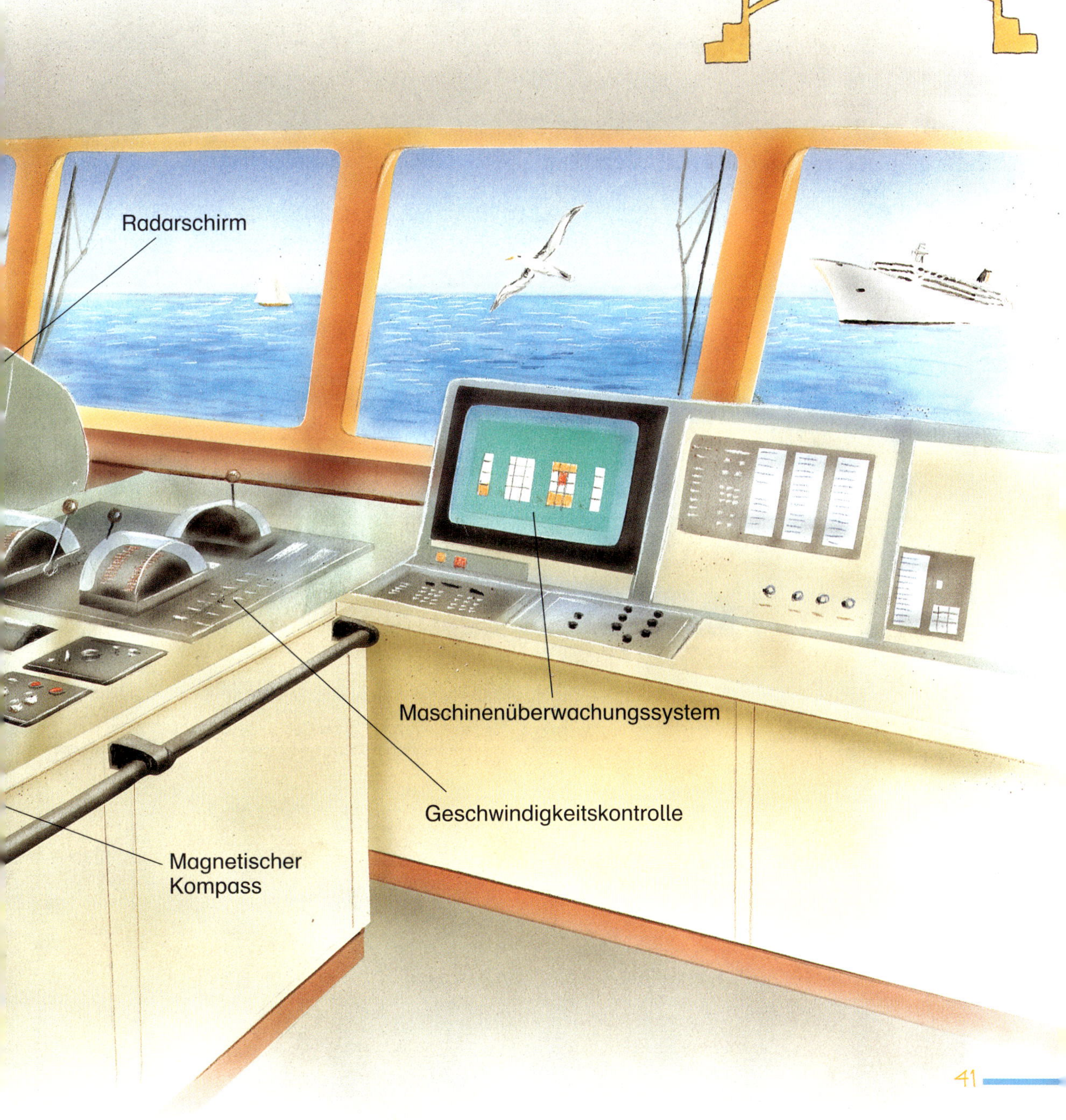

Prüfe dein Wissen!

Zu den Bildern auf diesen Seiten wird dir jeweils eine Frage gestellt. Wenn dir die Antwort nicht einfällt, dann suche im Buch einfach die abgebildete Illustration.

Wie hießen die Boote der alten Ägypter?

Mit welchen Schiffstypen segelte Kolumbus nach Amerika?

Wie viele Liter Öl kann die *Jahre Viking* befördern?

Wo befindet sich die Schürze bei einem Luftkissenboot?

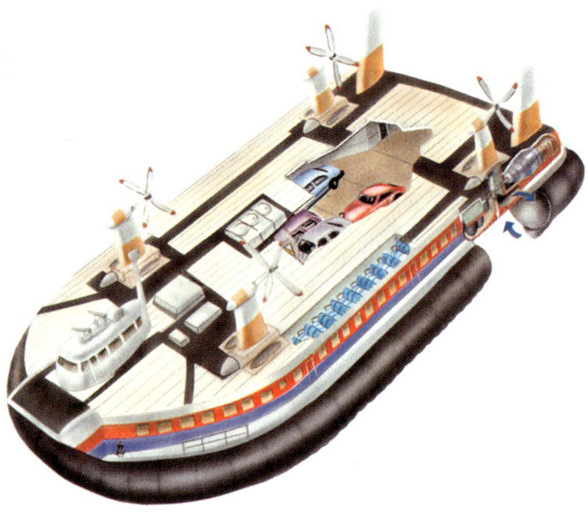

Wie wird die Schnellfähre *Hoverspeed Great Britain* angetrieben?

Wann bauten die Römer ihre ersten Frachtschiffe?

Was ist ein Astrolabium?

Wie wurde das Heckruder einer Galeone bedient?

Wie hielten die Wikinger ihre Boote wasserdicht?

Welche Entdeckung machte Archimedes beim Baden?

Register

FRAG MICH WAS!

Das wollen Kinder wissen!

Loewe